TRAITÉ DE L'ACCORD DE L'ESPINETTE,

Auec la comparaison de son Clauier à la Musique vocale.

Augmenté en cette Edition des quatre Chapitres suiuants.

I. Traité des Sons & combien il y en a.
II. Traité des Tons de l'Eglise & de leurs estenduës.
III. Traité des Fugues & comme il les faut traiter.
IV. La maniere de bien jouër de l'Espinette & des Orgues.

Dedié à

MONSEIGNEVR
LE MARQVIS DE MORTEMART.

Par I. DENIS, *Organiste de S. Barthelemy, & Maistre faiseur d'Instruments de Musique.*

A PARIS,

Par ROBERT BALLARD, seul Imprimeur du Roy pour la Musique.

Et se vendent chez l'Autheur, ruë des Arsis à l'Image Saincte Cecile.

M. DC. L.

SIXAIN.

CE petit Liure icy preſent
Traitant l'Accord de l'Eſpinette,
Des Regale, Fluſte & Trompette,
Je le dedie au Tout-puiſſant,
Et pour ſeruir en tout lieu
Je l'ay dedié à DIEV.

Vn lit ce Liure pour apprendre,
L'autre le lit comme enuieux,
Il eſt aiſé de me reprendre ;
Mais mal-aiſé de faire mieux.

R.

A MONSEIGNEVR
MONSEIGNEVR
LE MARQVIS DE MORTEMART,
CONSEILLER DV ROY
EN SES CONSEILS D'ESTAT ET PRIVE',

Cheualier des Ordres de sa Majesté, premier
Gentilhomme de sa Chambre, Bailly & Capi-
taine de la Varenne du Louure, Chasteau de
Madrid, Parc & Bois de Boulongne, la Muette,
Pont S. Cloud, auec la Grurie desdits lieux, &
Capitaine du Cours de Challiot.

ONSEIGNEVR,

Entre toutes les belles qualitez dont vo-
stre Illustre Personne est ornée, & que vous
possedez parfaitement, je puis dire que la Musique Theo-
rique & Pratique, est celle à qui vous faites tenir le premier

rang, & qu'à juste raison on vous doit appeller le Pere de
cette science, puisqu'elle vous est infuse si profondement,
& que vous la pratiquez si naturellement, qu'il n'y en
a point qui vous esgale, ny qui puisse auec tant d'addresse joindre sa voix auec le *Luth* ou le *Tuorbe*, ou le premier Instrument qu'il vous plaist de prendre, comme estant
merueilleusement versé en la cognoissance des plus melo-
dieux : J'ay eu tant de fois l'honneur d'augmenter le
nombre de vos Admirateurs, lors que vous estiez dans cet
aymable diuertissement, qu'il faut que je dise auec eux,
n'auoir jamais rien oüy de si doux, ny de si rauissant,
& qu'en cela comme en toute autre chose, vostre Esprit
est incomparable, & vostre Addresse inimitable ; aussi
faut-il vn autre discours que le mien pour en publier la
gloire, qui des-ja est si cognuë parmy les Nations voi-
sines, que tout ce que l'on en pourroit dire, ne seroit
que repeter ce qu'ils en ont des-ja dit, qui n'approche
encore que bien peu de la verité que j'ay si souuent re-
cognuë, & si doucement entenduë. C'est pour ce sujet, MONSEIGNEVR, que j'ay pris la har-
diesse de vous offrir ce petit Traité de l'Accord de l'Espinette, comme vne recognoissance que je dois rendre à
toutes vos perfections, que si vous daignez regarder, &
fauoriser d'vn doux accueil ce petit Ouurage, qui n'est
qu'vne partie de ce dont vous joüyssez si auantageuse-

ment du Tout, j'oseray bien esperer que vostre Nom luy
donnera l'entrée des meilleures Maisons, & que sous
vostre adueu il y sera joyeusement receu, comme sortant
de la main de celuy qui fait gloire d'estre,

MONSEIGNEVR,

Vostre tres-humble & tres-
obeïssant seruiteur,

I. DENIS.

Sur le sujet de l'Accord de l'Espinette.

SONNET.

POur mettre au jour vne harmonie parfaite,
Tu veux, Denis, nous monstrer comme il faut
Pour bien joüer, accorder bas & haut,
Cordes & Tuyaux de l'Orgue & l'Espinette.

Et pour monstrer la science bien nette,
Tu dis qu'il faut que la basse soit haut,
Le dessus bas en nature vn defaut,
Esclaircis-nous & ne nous mets en queste?

Pour accorder faut auoir bonne oreille,
En la nature cela n'est pas commun,
Tu le sçais bien il n'y a doute aucun:

Ne t'esbahis de si haute merueille,
Mets bien le poinct de la Quinte affoiblie,
Tu trouueras la parfaite harmonie.

I. D. L. I.

TRAITÉ DE L'ACCORD
DE L'ESPINETTE:

*Auec la comparaiſon du Clauier d'icelle,
à la Muſique Vocale.*

'Homme ſe plaiſt de ſon naturel à la Muſique, laquelle plus elle eſt harmonieuſe, plus elle rauit & deleĉte les eſprits qu'elle touche.

Or nos Peres ayans recognus que la voix de l'homme faiſoit de beaux chants, ont pour plus gráde commodité pris plaiſir à faire quelque Inſtrument qui pûſt contrefaire la voix, ou en approcher le plus que faire ſe pourroit. Tout conſideré, ils n'ont ſceu receuoir aucun Inſtrument plus propre que l'Eſpinette, quoy qu'elle ne fuſt pas encore cognuë: Mais comme ils ont par la voix recognu la difference des tons, ils ont commencé à faire le Clauier, qui eſt la plus belle Inuention (& parquoy on peut mieux comprendre la Muſique) qui ſoit au monde; la Muſique eſtant compriſe ſur ſix monoſyllabes, ſçauoir, *vt, ré, mi, fa, ſol, la,* & toute la difference diſtinguée par deux de ces ſyllabes, *mi, fa,* qu'ils ont miſe juſtement au milieu, comme voulant monſtrer que tout dépend de ces deux. Ils ont commencé à faire vn Clauier, ſçauoir des touches ſans feintes ou diezes; & pour preuues, les feintes & diezes n'ont point de propres ſyllabes que celles qu'elles empruntent des touches : Pour exemple le *C fol, vt, fa*, a vne feinte qui eft nommée la feinte de *C fol, vt, fa*; celle de *E mi, la*, porte fon nom d'elle-mefme, pource qu'en *E mi, la*, la touche, il ne fe trouue point de *fa*, qui eft le nom de la feinte, elle eft marquée, comme celle de *B fa, b mi*, & a toutes fes proprietez pareilles, & font marquées ainfi tous deux ♮, & toutes les autres font marquées ainfi ✳, vne en *F vt fa*, & vne en *G ré, fol, vt* : La feinte de *B fa, ♭ mi*, porte encore fon nom d'elle mefme, parce que la touche ne porte que la feule voix de *mi* en montant, & en defcendant, & n'y a qu'elle feule qui n'a qu'vne voix dans la Game, difant *B fa*, c'eft la feinte; & *b mi*, c'eft la touche. Nos Peres ayans donc fait le Clauier fans feintes, & recognoiffans qu'il eftoit bon pour vn feul genre, qui eft le Diatonique, & que dans la Mufique vocale ils pouuoient chanter de trois genres: & de tous les tons ils chercherent l'inuention d'adjoufter les feintes: Et comme ils auoient fait le Clauier fans feintes, ils adjoufterent des feintes par tout, où ils furent bien empefchez, recognoiffant vne confufion dans l'ordre, ne pouuant que faire des feintes qui fe rencontroient entre le *mi*, & le *fa*, & refolurent de les ofter tout à fait, eftans inutiles: Et eft vne chofe admirable & loüable à eux, d'auoir donné à chaque touche fa feinte; fi bien que l'on ne peut adjoufter ne diminuer, & fe rencontrant plus de touches que de feintes, auoir donné à chacune la fienne, dans vn fi bel ordre qu'il ne fe peut plus : fçauoir au *C fol, vt, fa*, fa feinte; au *D la, ré, fol*, point du tout, quoy qu'il ait trois voix diftinctes pour vn feul fon, en *E mi, la*, comme il eft efcrit cy-deuant: en *F vt, fa*, vne feinte : en *G ré, fol, vt*, vne feinte : *A mi, la, ré*, n'en a point: en *B fa, b mi*, comme il eft efcrit cy-deuant. La difference des *b mols* aux diezes, eft, que les *b mols* font defcendre de

dre de leurs touches, & les diezes montent. Comme ils ont
veu que les touches & les feintes estoient fort bien rangées
selon leurs ordres, ils ont cherché l'accord, qui est le sujet de
ce Traité.

Estant venu en cette ville de Paris vn homme, lequel est
fort docte és Mathematiques, & croyant auoir trouué vn
grand secret d'vn accord Arithmetique, qu'il a rencontré
par les nombres, l'a presenté pour bon & meilleur que l'accord Harmonique, dont je feray voir le contraire, mon-
strant que son accord ne vaut rien, que c'est vn accord inno-
cent, que toutes personnes sont capables de faire, ayant l'o-
reille bonne pour accorder vne quinte juste; qui est le contraire de l'accord Harmonique, lequel est si difficile, qu'il se
rencontre beaucoup de personnes qui touchent fort bien de
l'Espinette & des Orgues, & n'oseroient entreprédre d'accorder vne Espinette: Il y en a qui le font bien, mais ils sont peu.
L'accord de l'Espinette & des Orgues est pareil & sans difference, les Ouuriers de l'vn & de l'autre en sont demeurez
d'accord; & parlans de l'vn, j'entends parler de l'autre. Ie
dis donc que l'Espinette est le plus parfait Instrument de tous
les Instruments, ayans toutes ces cordes portant chacune
son son, comme on peut monstrer toutes les nottes de la Musique selon leurs degrez. Dans la Musique par escrit, le Clauier de l'Espinette comprend tout, ce que pas vn des autres
Instruments ne peut faire, si ce n'est par plusieurs personnes
& plusieurs Instruments, ce qu'vn seul Organiste peut faire,
soit Musique à 4. 5. 6. 7. 8. 9. & 10. parties, ayant dix doigts
& deux pieds de quoy il se peut seruir, & qu'il n'y a point de
Musique qui passe 4. & 5. parties, qui soit sans Pauses ou sans
Vnissons.

Parlons de nos Accords & de leurs differences, comme

nos Anciens voulurent accorder l'Espinette, ayant composé le Clauier dans sa perfection, comme il est maintenant,
ils accorderent, comme j'ay dit cy-deuant, innocemment
toutes les quintes iustes, qui est l'accord que cét homme
nous presente, & venant à toucher, ils trouuerent que cét
accord repugnoit fort à leurs esperances, & que les tierces
maieures estoient trop fortes, & si rudes que l'oreille ne les
pouuoit souffrir, & qu'ils ne trouuoient point de semitons
ny maieurs ny mineurs, mais vn semi-ton moyen, qui n'est
ny maieur ny mineur, estant plus foible que le majeur, &
plus fort que le mineur; & que les cadences ne valoient rien,
ne pouuant souffrir cette rudesse qui blessoit si fort le sens de
l'oüye, qui donne le plus de plaisir à nostre ame; se resolu-
rent de temperer si bien cét accord, que l'oreille fust aussi,
contente de la Musique Instrumentale, que de la Vocale:
Et voulant baisser les tierces majeures, se trouua que par ne-
cessité il falloit baisser toutes les quintes & les temperer en
sorte que l'oreille le peust souffrir. De vous dire qu'ils ne
se soient seruis de la Theorie de la Musique, & qu'ils n'eus-
sent vn Monochorde pour trouuer les proportions; je ne
nie pas cela. Ie ne desire point parler de la Theorie, mais
seulement de la Pratique & vsage. Et comme nous accor-
dons l'Espinette dans la perfection (je dis perfection, pource qu'on ne peut adjouster ne diminuër en cét accord sans
gaster tout) nous baissons toutes les quintes d'vn poinct, &
en telle sorte que la quinte paroist encor bonne, quoy qu'elle ne soit pas juste, & sur la quantité des quintes qui sont
douze en tout, les autres n'estant que repliques, les bais-
sant toutes d'vn point, faite le si petit que vous voudrez, il
faut douze poincts, qui est la difference de la premiere à la
derniere quinte, & toutes les quintes doiuent estre tempe-

rées efgallement, & toutes pareilles, & la premiere corde eft
la feinte de *E mi*, *la*, & fa quinte *B fa*, qu'il faut tenir foible,
& de la feinte *B fa*, à la touche *F vt*, *fa*, qu'il faut encore tenir foible, & ainfi des autres, comme la Pratique nous en-
feigne ; & la derniere corde eft la feinte de *G ré*, *fol*, *vt*, qui
eft la fin de l'accord. Faut faire les Octaues toutes juftes,
eftant l'accord le plus parfait de tous. Or de ces deux accords le meilleur eft celuy qui approche le plus de la Mufique Vocale, lequel eft noftre accord ordinaire & Harmonique, ayant tous les tons, femi-tons, majeurs, mineurs, &
cadences en mefmes lieux & endroits, comme les Maiftres
de Mufique efcriuent leurs compofitions fans aucunes differences, n'ayans qu'vn ton majeur & vn ton fuperflu, le
ton majeur eftant compofé d'vn femi-ton majeur, & d'vn
femi-ton mineur, & le ton fuperflu eft compofé de deux femi-tons majeurs, dont les Muficiens ne fe feruent point du
tout : & fe rencontre en deux endroicts qui font aux deux
touches qui n'ont point de feintes fçauoir en *D la*, *ré*, *fol*, &
en *A mi*, *la*, *ré*, qui ont des deux coftez vn femi-ton majeur,
& toutes les autres touches ont vue feinte d'vn femi-ton mineur qui eft le femi-ton qui ne fert qu'à la Cromatique ; &
quant à l'Harmonique on ne s'en fert point du tout, foit
pour chanter, ou pour jouër des Inftruments. Les Theori-
ciens trouuent trois fortes de tons, & trois fortes de femi-
tons, fçauoir ton majeur, ton mineur, & ton fuperflu ; &
auffi trois fortes de femi-tons, femi-ton majeur, femi-ton
mineur, & femi-ton moyen, cequi n'eft point en vfage, fçauoir le ton mineur, & le femi-ton moyen ; & pour faire le ton
mi neur, il eft compofé d'vn femi-ton moyen & d'vn femi-
ton mineur plus foible que le ton majeur : Mais dans la pratique de la Mufique, & en noftre accord Harmonique, il ne

fe trouue point de ton mineur, ny de femiton moyen : la difference des deux accords eft, qu'en l'accord qu'on nous pre-
fente, il n'y a ny femi-ton majeur ny femi-ton mineur, mais
le femi-ton moyen & le ton majeur pareils aux noftres ; car
pour faire le femi-ton moyen, on baiffe le femi-ton majeur,
& ce faifant on hauffe le mineur, & par ce moyen tous les femi-tons font égaux. Or eftant en l'affemblée de fort honne-
ftes gens, & entendant cét accord que je trouuay fort mauuais & fort rude à l'oreille, leur difant mon fentiment, & que
perfonne ne le pouuoit trouuer bon, ils me refpondirent que
ie n'y eftois pas accouftumé : Et je leurs dis, que fi on leur
prefentoit vn feftin de viandes ameres & de mauuais gouft,
& qu'on leur donnaft du vinaigre à boire, dont ils fe pour-
roient plaindre auec raifon : fi on leur difoit qu'ils n'y font pas
accouftumez, ce ne feroit pas vne bonne raifon & bien rece-
uable, je voulus fçauoir à quoy cét accord eftoit bon ; celuy
qui auoit accordé l'Efpinette me dit qu'il eftoit bon pour en
jouër, & détonner de fémi-ton en femi-ton, & que tous les
accords fe trouuoient bons par tout, & qu'il s'accordoit
mieux que le noftre auec le Luth & la Viole : je luy dis qu'il
auoit mauuaife raifon de vouloir gafter le bon & parfait accord pour l'accommoder à des Inftruments imparfaits, &
qu'il falloit pluftoft chercher la perfection du Luth & de la
Viole, & trouuer le moyen de faire que les femi-tons fuffent
majeurs & mineurs, comme nous les auons fur l'Efpinette,
ce qui ne fe peut faire auec les touches des cordes dont on
touche les Luths, pource qu'il faudroit qu'elles fuffent faites en pieds de moufches ; ce qui fe peut faire par le moyen
des touches d'yuoire, que lon peut mettre par le compas &
par la proportion du Monochorde, & par ce moyen on ac-
cordera le Luth & la Viole, auec l'Efpinnette, dans l'accord

musical & harmonique : mais de receuoir vn discord au lieu
d'vn bon accord, je ne pense pas qu'vn homme bien sensé
le reçoiue : quelques-vns ont creu que s'estoit bien parlé que
de dire *feintes*, les autres que s'estoit mieux dit *dieses* ; mais elles ont tous les deux noms, sçauoir du costé du semi-ton
majeur, faut dire *diese*, & du costé du semiton mineur la
nommer *feinte*, pource que ce n'est qu'vn *fa feint* ; & de la
touche à sa propre feinte, n'y a qu'vn semiton mineur, les
vns en montant, les autres en descendant.   Voila tout ce
qui se peut dire de l'accord du plus bel Instrument du monde, & le plus parfaict ; veu qu'il ne se peut faire de Musique
qu'il n'exprime & n'execute tout seul, ayant des Clauecins
à deux Clauiers, pour passer tous les Vnissons ; ce que le
Luth ne sçauroit faire : & les Orgues en ont quatre pour
joüer toute sorte de Musique.   Autres ont dit que pour accorder l'Espinette en cét accord qu'on nous presenre, il faut
accorder *vt*, *ré*, *mi*, *fa*, *sól*, *la*, de touche en touche, comme
la voix nous enseigne ; ce que je dis estre tres-faux, pource
que c'est accorder comme le flageoller, lequel s'accorde sans
preuue : mais ayant vn Clauier où toutes les preuues sont,
c'est faire tort à l'Instrument de ne se pas seruir de ses proprietez : & comme j'ay dit du flageollet, il n'a point de son
qui se puisse preuuer contre l'autre, ny la voix seule.   Aussi
quãd je me suis rencontré dans les Assemblées (pource qu'on
me tient pour simple ouurier) il semble que s'estoit excés
que de m'escouter : mais estant Organiste & ouurier, &
voyant des personnes qui en parlent, & ne sçauent ce qu'ils
disent ; i'ay escrit ce petit Liure, lequel ie prie le Lecteur de
receuoir d'aussi bon gré, comme son seruiteur le presente de
bon cœur.

B iij

Ordre pour bien accorder l'Eſpinette.

FAut commencer par la clef de *F vt, fa,* puis accorder ſon Octaue juſte. Apres accorder le *C ſol, vt, fa,* la Clef à la quinte de la Clef *F vt, fa,* & l'accorder toute juſte, puis la baiſſer de ſi peu qu'elle paroiſſe encor bonne, & que l'oreille la puiſſe ſouffrir. De *C ſol, vt, fa,* faut accorder ſon octaue en bas juſte ; puis accorder ſa quinte *G ré, ſol, vt,* en meſme eſgalité, en la tenant foible au meſme poinct que la premiere : De plus accorder ſon Octaue juſte, qui eſt la Clef de *G ré, ſol, vt* ; accorder en *D la, ré, ſol,* apres accorder le *D la ré, ſol,* ſa quinte en meſme eſgalité, toujours foible comme les autres : puis en demeurer là : & faire la preuue qui ſe fait de cette ſorte : Faut accorder le *B fa,* proche la Clef de *C ſol, vt, fa,* auec *F vt, fa,* proche la Clef de *G ré, ſol, vt,* à la quinte ; & tenir ce *B fa,* vn peu haut, afin que cette quinte ſoit temperée & eſgale aux autres. Apres toucher le *D la, ré, ſol,* que vous auez accordé, qui fait la tierce majeure contre *B fa,* & la tierce mineure contre *F vt, fa* : Et quand cét accord là ſe trouue bon, tout ce qu'auez accordé eſt bien, pource que l'accord ne ſe preuue que par les tierces ; & quand elles ſe rencontrent bonnes par tout, l'accord eſt bon.

Apres il faut continuër & ſuiure l'ordre du commencement, & aller d'octaue en quinte juſques à la derniere corde, & ne point accorder de quinte depuis la premiere preuue cy-deuant, qu'on ne preuue ſi la tierce eſt bonne dedans, comme vous pouuez voir en l'exemple ſuiuant. La premiere corde ſur quoy ſont baiſſées toutes les quintes, eſt la feinte de *E mi, la,* & la derniere eſt la feinte de *G ré, ſol, vt* ; & ainſi

toutes les cordes du milieu du Clauier, tant touches que
feintes, feront d'accord : Il faut fuiure apres par octaues,
de touches en touches, & de feintes en feintes par en bas &
par en haut, & toûjours preuuer par tierces & par quintes.

Comme il faut accorder l'Espinette & le Prestan des Orgues.

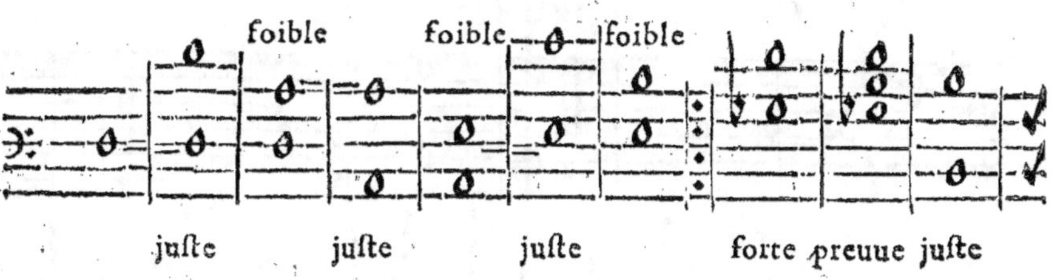

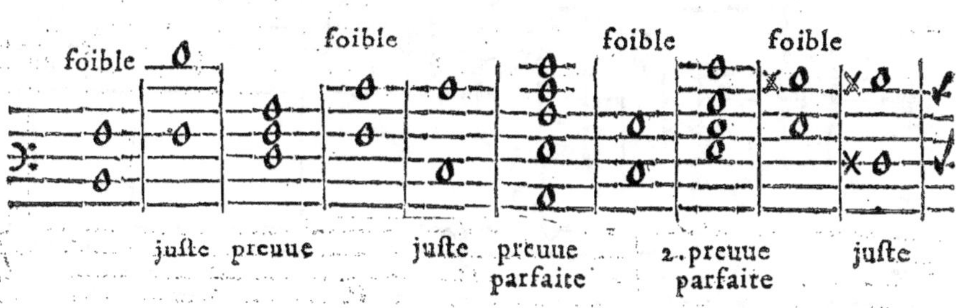

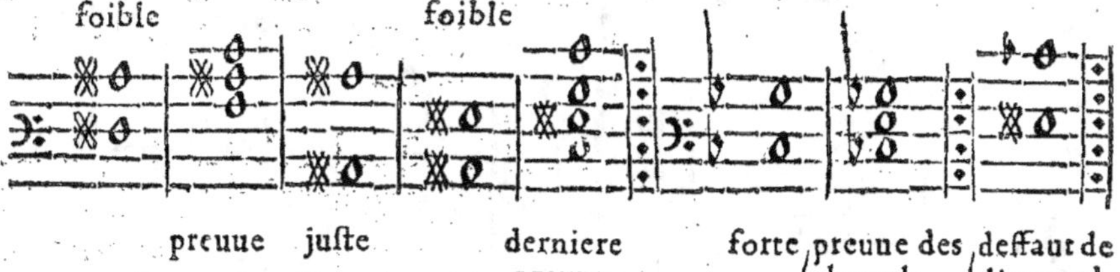

Apres faut fuiure d'Octaue en Octaue, comme il eft
defmonftré dans le narré cy-deuant.

Prelude pour sonder si l'Accord est bon par tout.

Aduis à Messieurs les Maistres de Musique & Messieurs les Organistes.

APres auoir traité de l'accord de l'Espinette & des Orgues, & démonstré comme il est parfait en ses accords, tous égaux en leur espece ; il faut entendre que les Organistes ne doiuent point détonner, ny les tons de l'Eglise, ny les modes de la Musique, que sur les cordes ou touches naturelles, & que les Maistres de Musique ne doiuent & ne peuuent les y contraindre, mais ils doiuent sçauoir détonner sur toutes les cordes pour monstrer qn'ils le sçauent faire, pource que de faire détonner du premier en *E mi*, *la*, il faut qu'il aduouë que la cadence finale ne vaut rien, la faisant sur vn semy ton mineur, ny la tierce majeure de ladite cadance ne vaut rien aussi, estant plus grande que la tierce majeure : la tierce majeure est composée de deux tons entiers & égaux, & la tierce superfluë est composée d'vn ton majeur & d'vn ton superflu, & par côsequent est trop forte & ne vaut rien, ny le battement de la cadence aussi   L'Organiste ne doit point du tout détonner ny toucher de ce ton là, ny aussi du deuxiesme en *F vt*, *fa*, pource que la tierce mineure, qui ne vaut rien estant trop foible, & composée d'vn ton majeur, & d'vn semiton mineur ; & se faut seruir d'vn ton superflu touchant *ré*, *F vt*, *fa*, *mi* en *G ré*, *sol*, *vt*, *fa* la feinte de *G ré*, *sol*, *vt*, qui est le semiton mineur, qui ne vaut rien ; *sol* en *B fa*, qui est le ton superflu, & *la C sol*, *vt*, *fa*. Or considerez que voila pour faire vne belle Musique enragée. Et puisque toutes les consonances harmoniques sont dissonantes & discordantes, il n'est pas raison que les Organistes les

touche, comme tierce majeure, tierce mineure, sexte maieure, sexte mineure, & le semiton mineur de *mi*, *fa*, sont
tous discords qui blessent l'ouye. Les Organistes ne doiuent
point du tout toucher de ces tons là, & les Maistres de Musique doiuent auoir la discretion & prendre garde de s'accommoder auec l'Organiste aux cordes & accords justes &
harmonieux; & que pour vn simple faux-bourdon oster toutes les conceptions de l'esprit de l'Organiste, la liberté des
mains, l'execution des beaux passages, les coups de main,
les coulemens & accents qui donnent la grace au touche-
ment, & mesme gaster l'accord de l'Orgue qui est si parfaict,
cela n'est pas raisonnable.   Et Messieurs les Chanoines des
Chapitres où il y a Musique doiuent prendre garde pour leur
contentement, que l'Organiste puisse toucher auec liberté,
afin que le Seruice de Dieu soit fait par harmonieuse melo-
die en la saincte Eglise.

Cette leçon n'est point de moy, je l'ay apprise de mon
maistre qui estoit le plus excellent homme de son temps pour
toucher les Orgues, & aussi pour la composition de la Musique Vocale.   Il estoit Organiste de la Saincte Chappelle de
Paris, & se nommoit Florent le Bien-venu: Estant auec luy
à son Orgue, je suy fis cette demande: Monsieur, pourquoy
touchez vous l'Antienne de *Magnificat* d'vn ton, & le *Magnificat* d'vn autre? Il me dit, que pour le Plain-chant il le
faisoit pour la commodité des Chantres; & pour le *Magnificat*, le Maistre de ceans m'a voulu assujettir à le toucher à sa
commodité, ce que je ne voulus faire, & luy ay dit, Vous
voulez chanter à vostre aise, & moy je veux toucher à la
mienne; il viendra, ce me dit-il, des hommes, qui d'Italie,
qui d'Allemaigne, qui d'Espagne, que sçay-je d'où, qui me
viendront escouter, & entendront que je ne feray rien qui

vaille, quand je toucherois auſſi bien que pourroit faire vn Ange, pource que l'Orgue eſt diſcordée de ces tons là. C'eſt pourquoy les Organiſtes ne le doiuent point faire, puis qu'il ne l'a pas voulu faire luy qui eſtoit ſi expert.

Fin du premier Liure.

De la quantité & diuerſité des Sons.

APres auoir conſideré & grandement recherché tout ce qui deſpend de tous les ſons qui font harmonie, & qui peuuent faire accord & conſonance, pour eſtre jugé par le ſentiment de l'oreille, & deſirant donner contentement à tous ceux qui ayment la Muſique : Ie n'ay ſceu trouuer rien que ce qui a eſté fait & apres y auoir bien penſé, il ne ſe peut rien faire de nouueau qui ne ſoit pris des quatre ſons vniuerſels, qui font : La voix de l'homme pour le premier : Le ſon des Orgues, qui eſt pris de l'air & du vent, pour le ſecond : Le ſon des Cordes, tant d'acier, d'or, d'argent, de leton, que de boyau, pour le troiſieſme : Et pour le quatrieſme le ſon du Marteau, qui eſt le ſon des cloches & du tambour, apres ces quatre il ne s'en peut trouuer d'autres. On me pourroit objecter que les oyſeaux ont vn ſon de voix fort agreable & delicieux, & meſme qu'il y en a qui parlent & chantent des chanſons fort bien, ce qui eſt vray ; Mais ils ne doiuent point eſtre mis au rang de la Muſique, entendu qu'ils ne font & ne ſçauroient faire aucune harmonie ny conſonance : Car pour faire harmonie il faut deux ou trois voix qui faſſent des accords differents & qui s'accordent juſte par le jugement de l'oreille ; & qui voudroit attribuer cela aux oyſeaux ce ſeroit leur donner l'vſage de la raiſon. Vn homme vouluſt appren-

dre à deux Perroquets à chanter la Musique il apprit à l'vn le
Deſſus d'vne chanſon & à l'autre la Baſſe.   Apres auoir pris
beaucoup de peine pour les faire chanter le plus juſte qu'il
peuſt; celuy qui chantoit le Deſſus le chantoit fort bien, &
l'autre qui chantoit la Baſſe la chantoit fort bien auſſi : C'e-
ſtoit vne plaiſante droſlerie que de voir cét homme auecque
ſes deux Perroquets; je vous laiſſe à juger lequel des trois
eſtoit le plus ſage : car quand il commençoit à chanter le
Deſſus, pour faire chanter ſon Perroquet qui le ſçauoit, il
n'en vouloit rien faire : & comme il vit qu'il perdoit ſon La-
tin apres celuy-là, il ſe mit à chanter la Baſſe pour faire chanter le Perroquet qui la ſçauoit; il luy prit enuie de chanter,
mais ſon Camarade l'eſcoutoit & ne diſoit mot : Cet homme
ſe prit à chanter le Deſſus pour s'accorder auec ſon Perroquet, afin de faire chanter l'autre ; mais le Perroquet qui
chantoit la Baſſe l'entendant chanter ſe mit à l'eſcouter, &
apres s'eſtre bien donné de la peine, il ne ſceut point du tout
les faire chanter enſemble, il faudroit leur attribuer l'vſage
de raiſon, comme j'ay dit cy-deuant.

En faueur de la Muſique deux hiſtoires admirables,
La premiere d'vn Paon blanc.

IL m'a eſté raconté par vn homme qui me faiſoit l'honneur
de m'aymer, & dont je faiſois grande eſtime, il eſtoit de
mon meſtier de faiſeur d'Inſtruments de Muſique, lequel
me raconta qu'vn Seigneur proche de Paris luy enuoya vn
lacquais, pour le prier de luy enuoyer vn Luth de Boulogne
qu'il auoit veu chez luy, & de venir ſe rejouïr auec vn maiſtre Ioüeur de Luth qu'il luy nomma, dont je n'ay pas rete-

nu le nom, il donna le Luth au lacquais & promit de l'aller
voir, & luy mener ce joüeur de Luth auec luy : Eſtans partis
de Paris vn Samedy apres midy ils arriuerent au lieu du Seigneur dit, & furent fort bien receus, & ayans paſſé le reſte
du jour, le lendemain matin le joüeur de Luth eſtant leué
plus matin que les autres & ce pourmenant au jardin, en-
tendit ſonner vne Meſſe en l'Eſgliſe il fut l'entendre, eſtant
de retour il prit ſon Luth pour s'entretenir eſtant ſeul, ſe
pourmenant ne penſoit qu'à l'harmonie de ſon Luth, ſi toſt
qu'il fut entré dans le jardin il apperceut à ſon coſté vn Paon
blanc qui tournoit la teſte de bonne grace, & le regardoit at-
tentiuement, l'ayant conſideré il voulut prendre garde ſi cét
oyſeau prenoit plaiſir à l'harmonie, & ce deſtournant expres
du iardin au clos, du clos à l'eſpalier, qui çà, qui là, par pluſieurs & diuers endroits, s'en retourna au logis où le Paon
ne manqua pas de le ſuiure toujours auec attention ; ce
joüeur de Luth ayant eſté diligent apres auoir entendu la
premiere Meſſe auoit eu ce contentement pendant que les
autres eſtoient allez à la ſeconde Meſſe, comme il furent re-
uenus de l'Eſgliſe, vous ſçauez que c'eſt l'ordre de ſe mettre
à table, entre la poire & le fromage, celuy qui auoit eu le
plaiſir du Paon ſe mit à raconter à la Compagnie ce que vous
auez ouy cy deuant ; ils ſe prirent à rire, & luy dirent, Que
ne ſçachant que faire il auoit inuenté vne bourde dont le
menteur n'eſtoit pas loin, & rians à gorge deſployée ſe moc-
quoyent de luy, apres leur auoir aſſeuré que ce qu'il auoit
dit eſtoit vray au ſortir du diſner, il prit ſon Luth, & leur dit,
Allons voir ſi le Paon eſt d'humeur à entendre le ſon du
Luth, eſtant en la court on cherche le Paon, mais on ne le
trouuoit point, ſe penſans mocquer de ce joüeur de Luth
luy dirent, Ioüez, joüez de voſtre Luth il viendra : auſſi toſt

qu'il toucha le Luth, le Paon qui eftoit fur vne muraille entendant le fon du Luth s'en vint à tire-d'aifle aupres de celuy
qui joüoit, & ce mit à le fuiure en la mefme pofture comme il
auoit fait le matin , fans manquer d'eftre toujours à fon cofté ; toute la Compagnie bien efbaye de voir cet oyfeau fi at-
tentif en l'harmonie de ce Luth, eftoit rauie, admirant comme il fuiuoit cet homme par tout auec finguliere attention.
Mais ce n'eft pas cela qu'il faut admirer, il faut confiderer
que ce Paon ne prenoit pas feulemēt plaifir au fon du Luth,
mais aux accords & en l'harmonie, comme vous allez entendre ; en fuite de ce plaifir, la Compagnie paffa le refte de la
journée à d'autres diuertiffemens, jufques au lendemain dif-
ner, cõme la Compagnie eftoit à table, il prit enuie à vn Page
de fe dõner du plaifir du Paon, & prenant le Luth, il n'en fça-
uoit point joüer du tout, il racloit vn tran tran à fa mode, le
Paon ne manqua pas à venir comme il auoit accouftumé, &
fuiuit quelque temps le Page: mais, chofe admirable! quand
il reconnut que le Page ne joüoit rien qui vaille, & n'entendant plus les accords & confonance, il fe jetta fur le Page ,
auec fes griffes , fon bec & fes aifles, de telle forte qu'il luy fit
quitter le Luth, & s'enfuir tout efpouuanté au logis ; ceux
qui l'apperceurent fi effroyé, luy demanderent ce qu'il auoit,
& dequoy il auoit peur, il leur dit ce que le Paon luy auoit
fait, & que le Paon c'eftoit jetté fur le Luth pour le rompre ,
où ils coururent pour voir la verité qu'ils recognurent , &
chafferent le Paon pour empefcher le pauure Luth d'eftre
mis en piece, quoy qu'il eut def-ja les coftes rompuës & la table caffée : Tous ceux de cette Compagnie ne croyoient pas
ce qu'ils voyoient, tant la chofe eft admirable & incroyable ;
on me l'a affeurée veritable, c'eft pourquoy je vous l'ay icy
reprefentée.

Autre histoire d'vne femme melancholique.

VN jour que j'eſtois en vn logis où on m'auoit mandé
pour accommoder vn Clauecin, vn honneſte Gentilhomme me vint accoſter, me diſant que c'eſtoit vn bel Inſtrument que le Clauecin, & que c'eſtoit vne choſe admirable que la Muſique,&me raconta vne Hiſtoire qui luy eſtoit
arriuée : Il me dit qu'il auoit vne fort honneſte femme, & de
fort belle humeur, laquelle eſtant tombée en vne longue &
griefue maladie, enfin ayant recouuert la ſanté, il luy eſtoit
reſté vne grande melancholie, & ſi eſtrange, qu'elle ne prenoit plaiſir à quoy que ce fuſt, elle eſtoit toujours ſur ſon lict
les rideaux tirez,& ne vouloit voir perſonne,ce qui affligeoit
bien fort ſon mary & tous ſes domeſtiques, pource que deuant ſa maladie elle eſtoit fort jouiallc, & comme ſon mary
ſe plaignoit à vn de ſes Amis, luy diſant que cela l'affligeoit
fort, il luy demanda s'il n'auoit point conſulté quelque bon
Medecin ſur ce ſujet;il luy dit qu'il auoit eſſayé tous moyens
& toutes ſortes de medicaments , pour taſcher de remettre
ſa femme en ſa premiere ſanté, & qu'il n'eſperoit plus la re-
uoir en ſa premiere humeur; ce Gentilhomme luy dit, que
puis qu'il auoit eſſayé toutes ſortes de remedes,qu'il luy vouloit donner vne inuention qui reüſſiroit ſelon ſa croyance,&
guariroit ſa femme: Parlez (luy dit-il) au Maiſtre qui conduit
le Concert des vingt-quatre Violons du Roy,& luy dites que
vous deſirez donner le plaiſir de cette Muſique à vne perſonne que vous voulez reiouïr, & qu'il prenne ſi bien ſon temps
que leurs Inſtruments ſoient bien d'accords, afin que la
perſonne à qui vous deſirez faire entendre cette Muſique,
ne la puiſſe entédre que par vne ſurpriſe,ſans qu'il ſoit beſoin

de

de leur dire ce que c'est, seulement de leur bien recomman-
der qu'ils ne sonnent point du tout leurs Violons, qu'ils ne
commencent tout de bon & tous ensemble, ce qui fut fait
si dextrement, que le tout reüssit merueilleusement bien :
Et comme on eut fait tendre vne piece de tapisserie bien proche du lict, ayant pris le temps que la Damoiselle ne dor-
moit pas, les Violons commencerent tous ensemble, la force
de ces Instruments, que vingt-quatre hommes font sonner
de toutes leurs forces, & d'vne grande violence, tellement
que la Damoiselle surprise, n'attendant rien moins que cette
Harmonie, qui eut tant de force que de chasser tout à coup
cette meschante melancholie, & reprit sa premiere santé &
sa gaillarde humeur.   Ce Gentilhomme me racontoit cette
histoire presente, de telle vehemence & affection, & apres
me l'auoir racontée de telle sorte, je l'ay creuë veritable.
Voyez par ces deux histoires comme la force de l'Harmonie
est aymable & admirable, qu'vn oyseau a recognu les beaux
chants, les belles consonnances & l'Harmonie, contre les
dissonnances, raclement & desordres que faisoit le Page : Et
aussi de la Damoiselle qui fut guerie, de cette grande melancholie qui la detenoit de long-temps, démonstre bien
que c'est vne chose bien excellente que la Musique : il y a eu
des hommes qui m'ont dit qu'il courroient dix lieuës loing,
pour entendre vne bonne Musique ; d'autres m'ont dit tren-
te lieuës, & toutes les fois qu'il s'est fait Musique de reputa-
tion, dont je suis fort curieux, je les y ay toujours rencontré,
ce qui me fait croire que ce qu'ils disent est vray.

Des huict Tons de l'Eglise.

IE n'ay point rencontré d'Autheur qui ait escrit du Traité
des Tons que l'on chante à l'Eglise, (& que l'Organiste

doit fçauoir,) qui puiſſe donner à entédre à ceux qui veulent apprendre ce qui eſt de leur eſtenduë. C'eſt pourquoy je me ſuis reſolu d'en eſcrire, comme je l'ay appris, & qu'il eſt obſerué au Pleinchant que l'on chante aux Egliſes : comme les Organiſtes les doiuent toucher & finir pour la commodité du Chœur ; & en ſuite comme les Fugues & ſujets ce doiuent traiter.

Premierement il faut fçauoir, que ceux qui ont compoſé les Antiennes & les chants de la Pſalmodie, ne ſe ſont ſeruis que du Diatonique, qui eſt vn des trois genres de Muſique, comme vous pouuez voir cy-deuant, & par conſequent ils ne ſe ſont ſeruis que des touches du Clauier, ſans s'aſſujettir aux feintes ou dieſes, pour ne point tant donner de peine à ceux qui veulent apprendre à chanter le Pleinchant ; or mis qu'ils ont obſerué le ♭ *mol*, & ont donné à entendre que tout ce qui ce chante au deſſus du *la*, ce doit chanter *fa*, ce qui eſt tres-faux, s'il n'eſt marqué, & toute perſonne qui chante ſoit Muſique ou Plein-chant, n'eſt point obligé de chanter que ce qu'il voit eſcrit : car ce ne ſeroit pas chanter, mais ce ſeroit compoſer, ce que je pourrois prouuer par pluſieurs exemples.

L'ordre des Tons, & leurs propres touches.

Le premier *ré*, *la*.		Le cinquiefme *fa*, *fa*.
Le ſecond *ré*, *fa*.		Le ſixiefme *fa*, *la*.
Le troiſiefme *mi*, *fa*.		Le ſeptiefme *vt*, *ſol*.
Le quatriefme *mi*, *la*.		Le huictiefme *vt*, *fa*.

Il faut fçauoir les propres touches où il faut commencer & finir les Pſeaumes, le *Magnificat*, & le *Benedictus*, ſelon les Tons que ſont les Antiennes.

Le premier ton commence en *D la*, *ré*, *ſol*, ſa dominante en *A mi*, *la*, *ré*, & fa mediante en *F vt*, *fa*.

Selon l'Antiphonié, le second ce deuroit commencer auſſi en *D la*, *ré*, *ſol*; mais pour la commodité du Chœur, l'Organiſte le doit toucher en *G ré*, *ſol*, *vt*, par ♭ *mol*, & ces cordes ſont *ré*, en *G ré*, *ſol*, *vt*, & ſa dominante *fa*, en *B fa*, qui eſt vne quarte plus haut que ſon naturel.

Le troiſieſme qui ſe chante *mi*, *fa*, faut entendre que le *mi*, qui eſt ſa premiere touche eſt en *E mi*, *la*, & ſa dominante en *C ſol*, *vt*, *fa*, la Clef qui eſt vne ſixte mineure contre la penſée de pluſieurs qui croiroyent que ce fut vn ſemiton, & ce que deſſus pour l'*Antienne* ſeulement, & pour le *Magnificat* & pour le *Benedictus* il ſe commence en *G ré*, *ſol*, *vt*, & ſa dominante en *C ſol*, *vt*, *fa*, & finit en *A mi*, *la*, *ré*; Mais pour la commodité des chantres on le doit toucher en *F vt*, *fa*, par ♭ *mol*, ſa dominante en *B fa*, & le finir en *G ré*, *ſol*, *vt*.

La quatrieſme commence au *mi*, d'*E mi*, *la*, & ſa dominante en *A mi*, *la*, *ré*; & ce ton eſt nommé Arithmetique entendu qu'il a ſa quarte en bas au contraire de tous les autres, & n'a point de cadence parfaite, & n'y a que luy ſeul qui n'en a point, & ce finit en *E mi*, *la*.

Le cinquieſme qui eſt *fa*, *fa*, commence en *F vt*, *fa*, & ſa dominante en *C ſol*, *vt*, *fa*, la Clef, & finit en *A mi*, *la*, *ré*; Mais pour la commodité du Chœur on le commence en *C ſol*, *vt*, *fa*, & ſa dominanre en *G ré*, *ſol*, *vt*, & finit en *C ſol*, *vt*, *fa*.

Le ſixieſme commence en *F vt*, *fa*, & ſa dominante en *A mi*, *la*, *ré*, & finit en *F vt*, *fa*, par ♭ *mol*.

Le ſeptieſme en ſon naturel commence en *G ré*, *ſol*, *vt*, ſa dominante en *D la*, *ré*, *ſol*, paſſe juſques en *F vt*, *fa*, proche la Clef de *G ré*, *ſol*, *vt*, & ſe termine & finit en pluſieurs ſortes de façons & diuerſes touches; mais l'Organiſte le doit toujours finir en *G ré*, *ſol*, *vt*, par ♭ *mol*, & laiſſer chanter les

Chantres comme il eſt eſcrit dans leurs Liures.

Le huiɛtieſme commence en *Gré, ſol, vt,* & ſa dominante
en *C ſol, vt, fa,* & finit en *Gré, ſol, vt,* par ♮ *quarre*; mais
pour la commodité des Chantres il faut le toucher & *F vt,
fa,* par ♭ *mol,* & ♭ *mol* par tout.

Il eſt bien difficile d'eſcrire d'vne ſcience dont perſonne
n'a point encore eſcrit, & que tous ceux qui la profeſſe n'ont
point de certitude, & meſme dans la conference que l'on
peut faire auec les doɛtes, il y a de la difference aux opinions:
Pour exemple, j'ay veu donner vne Fugue ou ſujét à trois
Organiſte, dont la Fugue eſtoit celle qui ſuit.

Auquel troiſieſme fut jugé auoir le mieux fait, quoy qu'il
ſortit de ſon Diapaſon ; mais il faut conſiderer que la touche
qui ſurpaſſe le Diapaſon fait cadence pour la dominante :
C'eſt pourquoy il a eſté fort bien jugé ; mais paſſant dans l'e-
xamen il deuoit eſtre rejetté.

Traité des Fugues, & comme il les faut traiter.

AYant cy-deuant deſmonſtré l'ordre & l'eſtenduë des
tons, & deſmonſtré les touches, de leurs commence-
ments, de leurs dominantes, & mediantes, s'enſuit de mon-

strer l'ordre des Fugues, & comme il faut faire entrer la seconde Partie suiuant la premiere, & de combien de sortes il
y en a.

Deux choses sont à remarquer & à obseruer diligemment
à toutes sortes de Fugues, que la seconde Partie qui entre
doit auoir autant de touches que la premiere en a sonné; de
mesme accent, & de mesme mouuement : & en second lieu
faut obseruer que le *fa* soit touché en mesme nombre &
quantité que celuy du sujét.

Exemple .

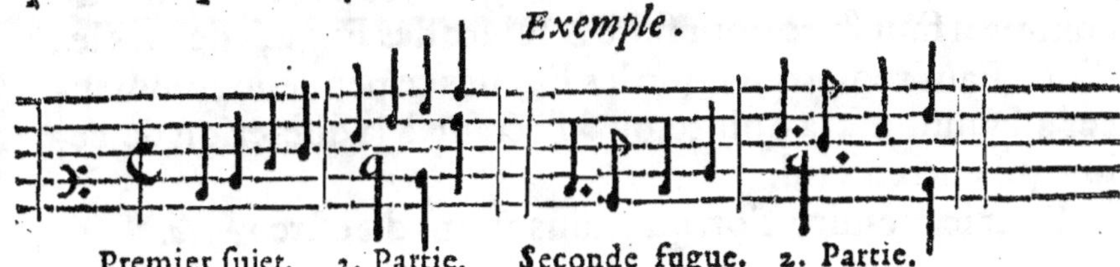

Comme vous voyez que le *fa*, de la premiere Fugue est
la seconde notte, la seconde partie a son *fa* la seconde notte;
& la seconde Fugue a son *fa* à la quatriesme notte, il y en a
qui diront que je ne dis rien de nouueau, & qu'il ne se peut
faire autrement: je vais monstrer le contraire d'vn Organiste,
lequel fut mandé pour toucher les Orgues d'vne Parroisse,
en l'Office de la Dedicace de l'Eglise, lequel Organiste deuoit estre disposé & preparé, fit cette faute en vn des versets
de l'Hymne.

Voyez donc par cét exemple que ceux qui croyent estre
des plus doctes, ce sont ceux qui font les plus lourdes fautes :
& qu'au lieu d'obseruer l'Harmonique au quatriesme Ton, il

D   iij

veulent obferuer l'Arithmetique, & au lieu de commencer
la feconde partie à la quinte, ils la veulent faire commencer
à la quarte, comme vous voyez; que fi cet Organifte eut
commencé en ♮ *mi* au lieu de commencer en *A mi*, *la*, *ré*, il
eut trouué fon compte; c'eft pourquoy il faut bien obferuer
la quantité des nottes & auffi le *fa*, en fon nombre là où il
doit eftre comme j'ay monftré cy-deuant, & ne pas faire vn
mi, pour vn *fa*. Voila pour feruir d'aduertiffement à ceux
qui entreprennent de faire des Fugues, & on verra en fuite
comme il faut faire pour faire & fuiure des Fugues de tous les
Tons. Faut remarquer que les Fugues ce peuuent commencer à l'vniffon, à la quinte, ou à l'octaue, à la difcretion de celuy qui entreprend.

Pour le premier Ton que nous auons dit eftre *ré*, *la*.

✷Licence que l'on
peut faire au milieu de la piece & non pas en commençant.

Le fecond Ton eft pareil au premier, horsmis qu'il eft
tranfpofé d'vne quarte, & ce doit toucher en *G ré*, *fol*, *vt*,
par *B mol*: S'enfuit deux Fugues du fecond Ton, qui eft
ré, *fa*.

Pour le troisiesme qui est *mi, fa*, ce doit toucher en *G ré*,
sol, vt, par *B mol*, & est tout pareil au second Ton ; c'est pourquoy je n'en feray point d'exemples ny de Fugues.

Pour le quatriesme Ton, qui est *mi la*.

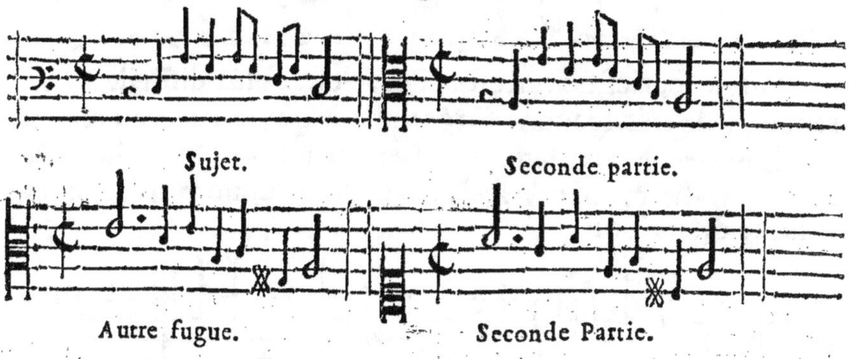

Pour le cinquiesme qui est *fa, fa*, faut entendre qu'il commence en *F vt, fa*, & ce finit en *A mi, la, ré*, selon l'Antiphonié ; mais l'Organiste le doit toucher en *C sol, vt, fa*, & le
finir aussi en *C sol, vt, fa*.

Autre fugue.   Seconde Partie.

Pour le sixiefme qui eft *fa*, *la*, ce touche en *F vt*, *fa*.

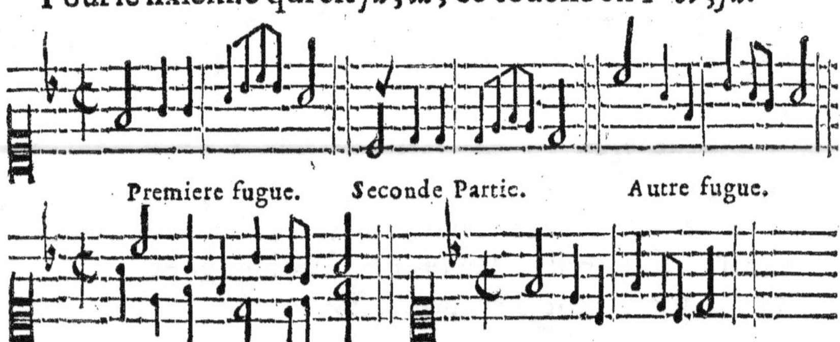

Premiere fugue. Seconde Partie. Autre fugue.

Seconde Partie à l'Vniffon ou voix pareille. Pour la troifiefme Partie.

Pour le feptiefme qui eft *vt*, *fol*, c'eft le plus difficile à traiter, il y a de tres fçauans Organiftes à qui je l'ay veu traiter
par ♮ *quarre*; Mais il le faut traiter par ♭ *mol*: car le chant de
la Pfalmodie eft par ♭ *mol*, voyez vne fugue qui eft de l'e-
tenduë dudit Ton.

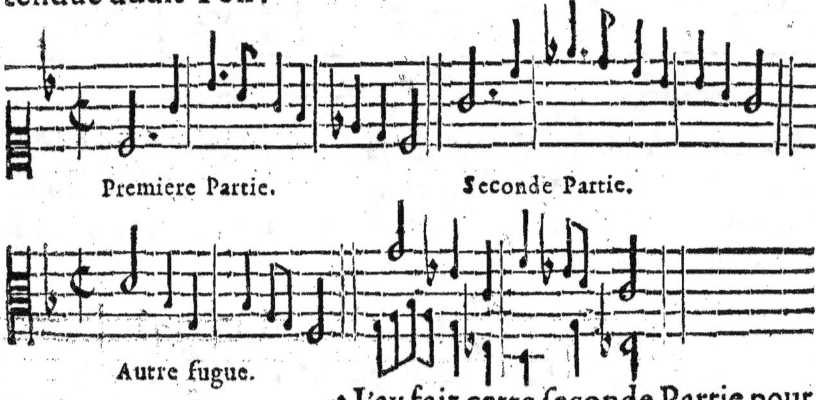

Premiere Partie.   Seconde Partie.

Autre fugue.

·:· J'ay fait cette feconde Partie pour
exemple, auec le Contrepoint, pource qu'elle eft fort difficile à traiter.   Pour

Pour le huictiefme Ton qui eft *vt, fa*, il le faut toucher en
F vt, fa, par ♭ *mol*, & ♭ *mol* par tout : il faut entendre que
ce Ton eft pluftoft Arithmetique qu'Harmonique ; car fi
on le traite Harmoniquement, ce ne fera pas du huictiefme
Ton , ce fera du fixiefme ; & pour donner à entendre la
difference , c'eft que le fixiefme a le *C fol, vt, fa*, pour fa dominante , qui eft fa quinte en haut, & le huictiefme a fa
quinte en bas en *B fa*, & toutes les fugues qui commencent en *F vt, fa*, la feconde partie ce doit commencer en *B fa*,
pour le huictiefme : Voila la difference de ces deux Tons,
voyez la premiere fugue.

Premiere Partie.　　　Seconde Partie.

Premiere fugue.　　　Seconde Partie.

Voila ce que j'ay pû recognoiftre & obferuer en l'eftenduë
de tous les Tons : l'Organifte fera aduerty qu'aux Religions,
pource qu'ils ont quantité de voix en leurs Chœurs qui peuuent chanter plus haut que les Chappiers des Parroiffes, il
faut toucher le huictiefme Ton en *G ré, fol, vt*, par ♮ *quar-*
re, & auffi le troifiefme Ton en *A mi, la, ré*, par ♮ *quarre*.

Traité des Fugues, & comme il les faut traiter.

IL faut defmonftrer maintenant combien il y a de fortes
de fugues, & comment il les faut traiter : Le Pere Parran

E

a fait vn **Traité** de Muſique dans lequel il donne à entendre
qu'il n'y a que de trois ſortes de fugues, dont il a raiſon pour
la Muſique Vocale ; mais pour l'Inſtrumentale, & principalement pour l'Orgue, il y en a de quatre ſortes ; comme
vous pourrez voir en ce qui ſuit cy-apres : La premiere, c'eſt
la fugue ſimple, comme celles qui ſont cy-deuant de tous les
Tons : La ſeconde, c'eſt la fugue double, laquelle eſt nommée double, parce qu'il faut faire ſõner deux fugues de mouuement contraire, l'vne quant &-quant l'autre, & quand
on a entrepris de traiter les deux fugues d'abord, on eſt obligé de les continuër, & faire chanter les deux fugues toujours
enſemble, comme vous pouuez voir par l'exemple qui ſuit.

Cette fugue eſt difficile, & n'eſt pas fort agreable, à cauſe des
deux Parties qu'il faut toujours faire chanter enſemble, &
eſt fort embaraſſante.

La troiſieſme fugue c'eſt la fugue renuerſée, qui eſt bien
plus belle & plus facile à traiter que la precedente, pource
que la precedente pourſuit les deux fugues tout enſemble,
& à celle-cy on n'eſt obligé qu'à les faire ſuiure l'vne apres
l'autre, comme vous pouuez voir en cette exemple.

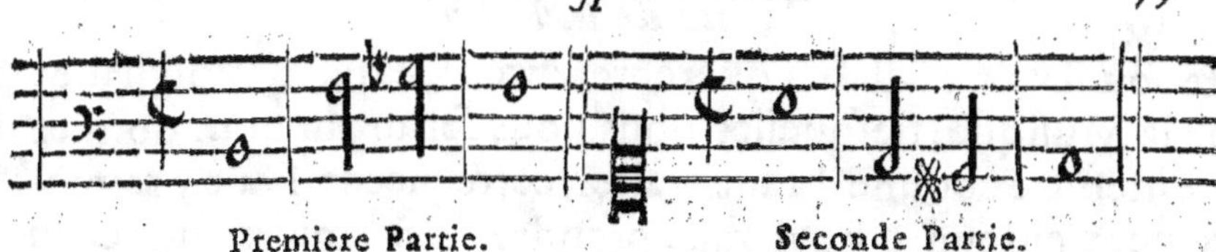

La quatriefme fugue, c'eft la fugue continuë, c'eft cette
fugue-cy qui n'eft propre que pour l'Orgue: car à la Muſique vocale elle ne ſe peut faire, principalement quand il y
a texte; mais on la pourroit bien faire en cas qu'il n'y eut
point de paroles.

Faut entendre la nature de la fugue continuë, que depuis
qu'on a commencé la fugue, & que la premiere Partie a fait
la fugue, elle doit toujours chanter en quelque Partie que
ce ſoit, & auſſi-toſt qu'elle eſt acheuée d'vne Partie, vne autre Partie la doit faire, & ainſi les parties les vnes apres les autres la doiuent toujours ſuiure de prés, & ne rien faire du
tout entre deux fugues: car elle ne ſeroit pas fugue continuë ſi on la laiſſoit, & doit eſtre toujours entenduë depuis
le commencement juſques à la fin, & c'eſt pourquoy on
l'appelle la fugue continuë, & ne l'ay point entenduë toucher & pourſuiure ſi bien qu'à Monſieur Bienuenu, qui eſt
celuy qui m'a enſeigné la Muſique, & à toucher des Orgues:
Elle doit eſtre fort courte, & ne doit auoir que quatre ou
cinq nottes, on peut bien faire quelque paſſage au milieu
de la piece, mais qu'il ne ſoit que d'vne meſure tout au plus,
& reprendre tout auſſi-toſt la fugue: Voila ce qui ce peut
dire des quatre fugues principales.

Voicy vne autre piece qui eſt bien belle & bien curieuſe,
& je ne ſçay comment je la dois nommer, pource que l'on
n'eſt point obligé de ſuiure aucun ſujet, entendu que toutes
les fugues ſont differentes, & pour bien donner à entendre,
faut prendre le Pleinchant de l'Hymne de ſainct Iean Bapti-

ste, où il y a six syllabes qui representent les six monosyllabes
de la Musique, desquelles nous nous seruiront pour donner
à entendre comme il faut traiter cette piece : Faut premierement entendre qu'il faut prendre la premiere fugue du
Plainchant, qui est *Vt queant laxis* , & faire chanter à la seconde fugue *resonare fibris*, côme est le Plainchant; la troisiesme chantera *Mira gestorum*, & la quatriesme *famuli tuorum*,
comme le Plainchant : Voila quatre Parties entrées, qui sont
quatre sujets differents, qui font quatre fugues ; reste donc
deux fugues à faire, qui sont *Solue polluti labij reatum*, que
l'Organiste fera à sa liberté à telle Partie qu'il voudra, leur
faisant chanter le Plainchant comme les autres : Il reste quatre nottes pour acheuer le Verset, où il y a *Sancte Ioannes*, l'Organiste doit faire poinct d'Orgues sur chaque notte, ou bien
faire la fugue continuë, comme Monsieur Titelouze l'a faite
dans son Liure des Hymnes. Cette maniere de couplet est
fort peu vsité, pource qu'il y en a beaucoup qui n'y pense pas,
& n'en ont pas l'intelligence, & est fort agreable à traiter &
à entendre ; quelque Organiste qui escouteroit ne prenant
point garde à l'intention de celuy qui touche, pourroit dire
à la vollée que c'est vn mauuais Organiste, & qu'il ne suit pas
sa fugue, n'ayant pas la science de cognoistre l'intention de
celuy qui touche. Voila tout ce que j'ay peu recognoistre &
obseruer des tons & des fugues, pour en dôner la cognoissance à ceux qui desirent d'apprendre, & contentement aux sça-
uants, qui auront le plaisir de voir si j'ay bien fait, & ceux qui
aspirent à la science y pourront profiter, & m'en sçauront gré.

La maniere de bien joüer de l'Espinette & des Orgues.

VN Philosophe disoit à ces Disciples qu'il ressembloit
à la queuë, laquelle ne couppe pas ; mais elle fait coup-

per : on pourroit dire la mesme chose de moy disant, il veut
enseigner ce qu'il ne doit pas, entendu qu'il y en a qui le de-
uroient entreprédre pluſtoſt que luy, & qui jouënt beaucoup
mieux que luy de l'Espinette : il ne s'enſuit pas que pour ne
pas jouër ſi bien, comme je ſçay bien qu'il y en a qui jouënt
mieux que moy, (mais il y en a peu, & qui ne veulent pas ce
donner la peine d'eſcrire,) que je ne ſçache bien donner à entendre comme il faut bien jouër & donner bon ordre à la poſition de la main, qui eſt le principe de bien jouër.   Il y a
des Maiſtres qui font poſer la main en telle ſorte, que le poignet eſt plus bas que la main, ce qui eſt tres-mauuais & à pro-
prement dire vn vice, pource que la main n'a plus de force :
d'autres font tenir le poignet plus haut que la main, qui eſt
vne imperfection, pource que les doigts paroiſſent comme
des baſtons droits & roides ; mais pour la bonne poſition de
la main, il faut que le poignet & la main ſoit de meſme hauteur, s'entend que le poignet ſoit en meſme hauteur que le
gros nœud des doigts de la main.   Quand je commençay à
apprendre, les Maiſtres diſoient pour maxime, que l'on ne
joüoit jamais du poulſe de la main droite ; mais j'ay recognu
depuis, que ſi on auoit autant de mains qu'en auoit Briarée,
on les emploiroit toutes, quoy qu'il n'y ait pas tant de touches au Clauier.

.Apres la poſition de la main, faut parler des pincements,
fredons & cadances parfaites : Les pincements ſe font ſelon
la valeur des nottes,& par conſequent il y a de deux ſortes de
pincements, le ſimple qui eſt de la valeur d'vne crochuë, &
l'autre qui eſt double eſt de la valeur d'vne noire ; Le fredon
eſt de la valeur d'vne blanche, ſans le fermer & conclure
comme la cadance : & apres il y a la cadance parfaite qui eſt
fermée & concluë entierement.   Il y en a qui font de gran-
des fautes, principalement quand ils commencent vne fu-

gue; car quelque notte que ce foit, ils font le pincement tant
que la notte vaut, qui eft vne grande faute, par exemple s'il
commence vne fugue en *G ré, ſol, vt*, ils font le tremblement
en *G*, & en *A*, & le faifant tant que la notte vaut, perſonne
ne ſçauroit juger s'il veut commencer en *G* ou en *A*, & par
ainſi on ne ſçauroit juger le commencement de ſa fugue :
Or pour ſe donner de garde de cette faute, il faut que vous
ſoyez aduertis, que tout Organiſte que ce ſoit ne commence
point de fugues en pinçant, que le pincement ne ſoit que de
la moitiée de la valeur de la notte qu'il veut commencer, afin
que le reſte de la moitiée de la notte ſoit tenuë ferme, & dõ-
ne à entendre que c'eſt ſur cette notte là qu'il a voulu commencer, & pour bien faire quand on veut commencer vne
fugue, en touchant la premiere notte on doit abbattre ſa voi-
ſine quant-&-elle & la laiſſer, tenant celle qui doit ſonner :
car quand aux animations du toucher de l'Orgue, ils ſont pa-
teils aux ombrages de la peinture, (que le Peintre doit bien
prendre garde que l'ombrage qu'il poſe pour faire paroiſtre
le relief & la boſſe, ne faſſe pas vn broüillis qui bleſſe la veuë,)
auſſi l'Organiſte doit bien prendre garde de ne pas tant re-
muër & fretiller des doigts, qu'il faſſe cõfuſion & vn broüillis qui empeſche d'entendre les conſonnances & les mouue-
ments : car celuy qui fait bien les pincements, tremblemêts,
fredons & cadances bien à propos, doit eſtre tenu bien ſça-
uant : S'il y a quatre nottes de ſuite, il faut prendre garde de
n'en pincer que deux ; ſçauoir, que ſi vous pincez la premiere, il faut pincer auſſi la troiſieſme, & ne pas pincer la ſeconde ny la derniere ; & ſi vous voulez pincer la ſeconde, il faut
auſſi pincer la quatrieſme, & ne pas pincer la premiere ny la
troiſieſme, autrement ce ſeroit confuſion & broüillement :
On ne doit point pincer les crochuës qui ſont en paſſages
que fort rarement, & ſi les nottes deſcendent il faut pincer

au dessus, & si elle monte il faut pincer au dessous, de deux
l'vne comme j'ay dit cy-deuant.

Cela est beau de voir vne personne qui joüe bien & de
bonne grace, & qui a la main bien posée ; mais il faut bien
prendre garde de ne pas toucher de force ny de contrainte :
car qui que ce soit qui est contraint ou forcé en ses mains, ou
en son corps, ne touchera jamais bien ; c'est pourquoy les
Maistres qui enseignent, doiuent bien considerer la capacité
de la personne à qui il monstre, si elle est capable de toucher
selon les Regles, & si les doigts le peuuent faire : car de vouloir contraindre vne personne de faire la cadance des deux
doigts de derriere, & ces doigts ne le peuuent pas faire que
par contrainte, il faut le laisser faire la cadance des deux pre-
miers doigts, & couper la cadance, & la fermer auec le premier doigt subtilement comme je la fais, & si j'eusse voulu
me contraindre de la faire comme on la doit faire, je n'eusse
jamais bien joüé de l'Espinette ny de l'Orgue.

Des mauuaises coustumes qui arriuent à ceux qui joüent des Instruments.

EStant du mestier de faiseur d'Instruments de Musique,
je suis obligé de receuoir toutes sortes de personnes en
ma boutique, aucuns viennent pour voir & entendre mes
Ouurages, d'autres viennent pour achepter, & par ainsi j'ay
le contentement de voir toucher toutes sortes de personnes,
& de voir toutes les simagrées & postures qui se font, dont
plusieurs personnes ne se donnent point de garde, & les Maistres qui enseignent ne peuuent pas voir si bien, parce qu'il
faut que leurs Escoliers fassent ce qu'ils leurs enseignent ;
mais moy je remarque tout sans leur rien dire ; autresfois je

leur difois auec liberté, mais j'ay recognu qu'il y en auoit qui le prenoient de mauuaife part, je me fuis retenu de cette grande liberté, & l'ay bien voulu faire dire au papier, peut-eftre que quelqu'vn ne s'en offencera pas fi toft que de la parole. Il viendra quelquefois vn jeune enfariné me deman-der vn bon Clauecin ou vne Efpinette, lequel penfant faire des merueilles a plus de peine à tourner la tefte, & regarder fi je prends garde à ce qu'il joüe, qu'il ne prends garde à ce qu'il fait, & pour ce faire entendre il fera plus de bruict auec fon pied, pour battre la mefure, que l'Inftrument qu'il fon-ne. Autres font bien plus plaifamment, qui font la moitiée de la cadance en l'air, & font fonner le refte: Autres branles la tefte à chaque moment auec vn grondement qui eft affez drolle. I'ay veu vn jeune homme qui joüoit fort bien, & de trois mefures en trois mefures il faifoit vn clacq auec fa lan-gue, fi haut que j'eus bien de la peine à m'empefcher de rire: Vn Organifte qui touche fort bien l'Orgue & l'Efpinette, qui n'eft point Organifte de Paris, quand il veut joüer quel-que chofe qui croit eftre bien fait, il jette fes deux jambes tout d'vn cofté, & met fon corps de trauers auec vn renfron-gnement de vifage, ce qui eft prefque infupportable à ceux qui le voyent toucher. I'ay efcrit toutes ces chofes cy-def-fus, pour aduertir ceux qui font def-ja accouftumez à ces im-perfections, de leurs en donner de garde, & aux Maiftres qui enfeignent, de prendre garde que leurs Efcoliers ne pren-nent point de mauuaifes habitudes.

F I N.

TABLE

OV SISTHESME PARFAIT POVR MESVRER TOVTES LES INTERVALES ET CONSONANCES

du Clauier de l'Epinette, tant bonnes que mauuaises.

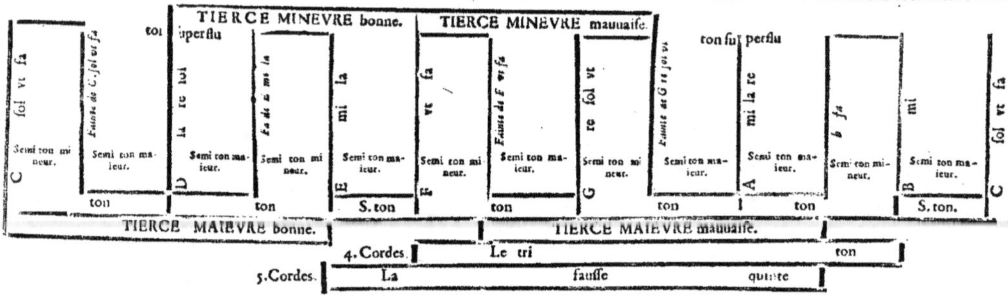

ton superflu   **TIERCE MINEVRE bonne.**   **TIERCE MINEVRE mauuaise.**   ton surperflu

C sol vt fa	Fainte de C sol vt fa	D la re sol	E la de a mi la	mi la	vt fa	Fainte de F vt fa	G re sol vt	Fainte de G re sol vt	A mi la re	b fa	mi	C sol vt fa
Semi ton mineur.	Semi ton maieur.	Semi ton maieur.	Semi ton mineur.	Semi ton maieur.	Semi ton mineur.	Semi ton maieur.	Semi ton mineur.	Semi ton maieur.	Semi ton maieur.	Semi ton mineur.	Semi ton maieur.	
C		D		E	F		G		A		B	C
ton		ton		S. ton	ton		ton		ton		S. ton	

TIERCE MAIEVRE bonne.   **TIERCE MAIEVRE mauuaise.**

4. Cordes	Le tri	ton
5. Cordes	La fausse	quinte

Le ton est composé de deux semi tons, sçauoir vn mineur & vn maieur. La tierce mineure est composée pour estre bonne de trois semi-tons: sçauoir deux semi-tons maieurs & vn mineur: La tierce mineure mauuaise est composée deux semi-tons mineurs & d vn maieur: la tierce maieure est composée pour estre bonne de quatre semi tons: deux maieurs & deux mineurs: La tierce maieure mauuaise est composée de quatre semi-tons, sçauoir trois maieurs & vn mineur: Comme vous pouuez mesurer de regle en regle auec le compas: ou de semi-ton en semi ton par la Table presente: Vous pouuez mesurer par mesme moyen la difference qu'il y a du triton à la fausse quinte: le ton superflu est composé de deux semi-tons maieurs.